DOCES ★ DE ★ CINEMA

GASTRONOMISMO

UM LIVRO DE ISADORA BECKER
COM PARTICIPAÇÃO ESPECIAL DE MARIANA MOURA E FREDERICO LEONARDO DORA

DOCES ★ DE ★ CINEMA

BelasLetras

© 2015 Isadora Becker

Editor
Gustavo Guertler

Coordenação editorial
Fernanda Fedrizzi

Revisão
Germano Weirich e Mônica Ballejo Canto

Capa
Pedro Guerra e Celso Orlandin Jr.

Projeto gráfico
Celso Orlandin Jr.

Produção
MPQuatro

Fotos
Mariana Moura e Frederico Leonardo Dora

Dados Internacionais de Catalogação na Fonte (CIP)
Biblioteca Pública Municipal Dr. Demetrio Niederauer
Caxias do Sul, RS

B395d	Becker, Isadora
	Doces de cinema / Isadora Becker. Caxias do Sul, RS:
	Belas-Letras, 2015.
	144 p.: il.
	ISBN: 978-85-8174-258-8
	1. Gastronomia. 2. Receitas. I. Título.

15/75	CDU 641.55

Catalogação elaborada pela Bibliotecária
Maria Nair Sodré Monteiro da Cruz CRB 10/904

Grafia atualizada segundo o Acordo Ortográfico da Língua Portuguesa de 1990,
que entrou em vigor no Brasil em 2009.

IMPRESSO NO BRASIL

[2015]
Todos os direitos desta edição reservados à
EDITORA BELAS-LETRAS LTDA.
Rua Coronel Camisão, 167
Cep: 95020-420 – Caxias do Sul – RS
Fone: (54) 3025.3888 – www.belasletras.com.br

GOSTARIA DE DEDICAR MEU PRIMEIRO LIVRO DE RECEITAS
ÀS TRÊS PESSOAS QUE ME ENSINARAM A COZINHAR:
MINHA MÃE, TATA E VÔVI.

AOS COLEGAS E PARCEIROS DE COZINHA: LEO E MARI,
MINHA PRINCIPAL PROFESSORA DE CONFEITARIA.

À MPQUATRO POR TOCAR ESSE PROJETO, PROPORCIONANDO
A REALIZAÇÃO DE UM SONHO MEU.

DOCES DE CINEMA

Tastemade

Fazer a série Comida de Cinema tem sido uma das experiências mais divertidas da minha vida. Não só eu ensino receitas, e aprendo muito, como a cada dia me fantasio de um personagem diferente.

Algumas receitas, mais difíceis, preciso de dois dias para gravar, pois, além de todo o processo de cozinhar, ainda há a função de fazer meu cabelo e maquiagem – que eu mesma faço. Para a maquiagem, assisto a inúmeros tutoriais de beleza no YouTube e testo o que aprendi na noite anterior à gravação.

Também assisto a muitos filmes que ainda não havia visto. São horas de trabalho extremamente prazeroso. Depois de gravar algum episódio, vou para o sofá jantar enquanto faço o meu "tema de casa". Sento com um bloquinho, para ir anotando os pratos mostrados, e eles parecem mais apetitosos. Aos poucos desenvolvi um olho clínico; agora, com qualquer filme que assista, já sei que receita é e se não sei procuro saber como é feita.

Neste livro reúno 28 receitas que entraram no programa e 12 exclusivas na área da cozinha que mais me assustava antes de me profissionalizar. Fui aprendendo a fazer doces depois de adulta, pois até eu começar a faculdade de Gastronomia, doces não eram a minha especialidade. Nas aulas, concentrava-me sempre nas sobremesas, que era a parte em que sentia mais dificuldade. Aos poucos fui ficando à vontade com as receitas mais estruturadas e meticulosas da confeitaria. Hoje, tenho um amor especial pela ciência exata que nos proporciona um dulçor no paladar e na alma. E a série Comida de Cinema ajudou muito nisso, porque, além de fazer doces mais fáceis, precisei aprender alguns muito complicados, mas que no fim renderam pratos tão lindos e apetitosos que valem a pena qualquer esforço!

Por fim, eu não poderia ter sonhado trabalhar com algo tão gostoso. Faço receitas enquanto brinco de faz de conta!

SUMÁRIO

12 Bolo de Rosas com Ganache de Chocolate Branco e Framboesas

14 Bolo de Tangerina

16 Brownie com Doce de L

19 Courtesans au Chocolat

23 Folhado Dinamarquês

26 Torta de Mirtilo

28 Bolo Branco

31 Cerveja Amanteigada

34 Panquecas Flambadas

37 Bolo de Chocolate

41 Mousse de Chocolate Branco

44 Torta de Limão   **46** Torta de Chocolate da Minny   **49** Torta Oasis e Lonely Chicago Pie

53 Tiramisu   **56** Trufas de Chocolate   **58** Beignets

61 Apfelstrudel   **65** Manjar Turco   **69** Crème Brûlée

72 Banana Split

75 Croissant au Chocolat

79 Petit Gâteau

82 Milkshake de Manga

85 Bolinhos Escoceses

88 Torta de Pêssego

90 Bombas de Creme

93 Torta de Maçã

97 Milkshake de $5

101 Cannoli

104 Chocolate Quente

107 Tarte Tatin

111 Bolo de Geleia de Damasco

115 Baba au Rhum

8 Sorvete de Canela e Gengibre

120 Gelatina de Frutas Vermelhas

123 Tarte St. Honoré

127 Mousse de Chocolate

131 Doughnuts

BOLO DE ROSAS COM GANACHE DE CHOCOLATE BRANCO E FRAMBOESAS

MARIA ANTONIETA

(rende 6 fatias)

O filme de Sofia Coppola inspira qualquer um a comer os doces lindos que aparecem em cena. Estava procurando algo para comemorar o primeiro ano de vida do canal Comida de Cinema. Entre *macarons* e bolos, todos em tons pastel, um deles me chamou a atenção. Simples, mas encantador, assim como quero passar minhas receitas. Como eu não sabia o seu sabor, pensei em um, digno da alta corte francesa do século XVII: rosas, chocolate branco e framboesa. Depois de testes, chegamos à inevitável conclusão de ser o bolo mais perfumado que já havíamos provado.

Ingredientes do bolo

3 claras de ovo em temperatura ambiente
½ xícara de leite em temperatura ambiente
1 colher de sopa de água de rosas
1 xícara + 2 colheres de sopa de farinha de trigo
1 xícara de açúcar cristal
2 colheres de chá de fermento em pó
Sal
75g de manteiga sem sal em temperatura ambiente
500g de pasta americana
Corante alimentício em gel rosa bebê
Rosas orgânicas

Ingredientes da ganache

300g de chocolate branco (2 barras)
200ml de creme de leite fresco
100g de framboesas congeladas

Como fazer o bolo

Preaquecer o forno a 180°C. Em uma tigela, misturar as claras, o leite e a água de rosas até ficarem bem incorporados. Na tigela da batedeira, peneirar todos os secos. Adicionar a manteiga cortada em cubos e começar a bater em potência baixa por 1 ou 2 minutos. Adicionar a mistura dos líquidos e bater por mais 2 minutos. Cortar uma folha de papel manteiga do tamanho de uma forma de 15cm de diâmetro. Untar a forma com manteiga e grudar o papel no fundo, para garantir que não grude, untar o papel também. Polvilhar com a farinha de trigo, retirar o excesso e adicionar a massa. Levar ao forno e assar por cerca de 20 minutos, até que, ao fincar com um palito, ele saia sequinho. Retirar do forno e deixar esfriar antes de rechear.

Como fazer a ganache

Picar o chocolate branco e colocar em uma tigela. Descongelar as framboesas em uma panela pequena. Deixar reduzir por cerca de 3 minutos em fogo baixo. Levar à tigela do chocolate para retirar as sementes através de uma peneira. Aquecer o creme de leite fresco até começar a borbulhar nas bordas. Misturar com o chocolate e a framboesa até virar uma ganache lisa. Levar à geladeira por alguns minutos, para que fique mais firme para rechear.

Montagem

Quando o bolo estiver em temperatura ambiente, desenformar e cortar ao meio com um fio de linha de costura ou nylon. Retirar o topo com cuidado e rechear com ¾ da ganache já firme e em temperatura ambiente. Recolocar o topo do bolo e espalhar o resto da ganache pela superfície para que a pasta americana possa se fixar. Se a ganache estiver muito firme, basta levar ao banho-maria para que fique na consistência desejada, facilitando na hora de cobrir o bolo. Sovar 500g de pasta americana para que fique mais maleável. Adicionar uma pequena quantidade de corante alimentício em gel cor rosa bebê e misturar. Deixar descansar por cinco minutos, para que a cor se acentue. Polvilhar a superfície da bancada com açúcar de confeiteiro e abrir com um rolo de massa. Dispor por cima do bolo, cuidando para que fique bem esticado. Pressionar com os dedos, fazendo com que a massa fique bem lisa. Cortar o excesso de massa com uma faca afiada, fazer dobrinhas nas pontas como se fosse uma saia. Decorar com pétalas de rosas orgânicas.

BOLO DE TANGERINA

A VIDA SECRETA DE WALTER MITTY

(rende 10 fatias)

Fui assistir ao filme com o meu avô, em uma tarde quente de verão, daquelas em que ficar em casa é impossível. Saí do cinema com uma sensação gostosa de um frescor que só as viagens nos trazem. Fiquei com uma vontade enorme de pegar uma mochila e sair descobrindo o mundo, como Walter Mitty faz no filme. Antes de sair à procura de um fotógrafo famoso, sua mãe lhe faz um lindíssimo bolo de tangerina, que aparece em várias cenas.

No Rio Grande do Sul, chamamos tangerina de bergamota. Essa é a fruta mais característica do inverno e casa perfeitamente com aquele sol gostoso de dias frios. Essa receita é sobre como transformar essa sensação em bolo.

Ingredientes da tangerina confitada

2 tangerinas
2 xícaras de açúcar
1 xícara de água

Ingredientes do bolo de tangerina

4 ovos
2 xícaras de açúcar refinado
2 xícaras de farinha de trigo
1 xícara de suco de tangerina recém-espremido
2 colheres de sopa de raspas de tangerina
1 colher de chá de fermento químico em pó

Ingredientes do glacê de tangerina

1 xícara de açúcar de confeiteiro
¼ de xícara de suco de tangerina

Modo de preparo da tangerina confitada

Lavar as tangerinas com a parte áspera da esponja de lavar louça. Secar e cortar em fatias finas. Fazer uma calda com o açúcar e a água. Assim que o açúcar se dissolve totalmente, adicionar as tangerinas e deixar que cozinhem em fogo médio por cerca de 15 minutos. Cuidar para que não se desmanchem. Retirar da calda e deixar que sequem até a hora de finalizar o bolo.

Modo de preparo do bolo

Separar as claras das gemas. Em uma batedeira, bater as claras em neve e adicionar as gemas e o açúcar. Continuar batendo. Aos poucos, adicionar a farinha, o suco de tangerina e as raspas, sem nunca parar de bater. Por último, adicionar o fermento. Bater por mais meio minuto e desligar a batedeira. Despejar em uma forma redonda de fundo falso de 20cm de diâmetro. Levar para assar em forno preaquecido a 180 graus por 30 minutos, até que, ao enfiar um palito no bolo, ele saia sequinho. Deixar esfriar.

Modo de preparo do glacê

Misturar o suco de tangerina aos poucos no açúcar de confeiteiro, até que fique um glacê espesso. Despejar em cima do bolo ainda morno e decorar com as tangerinas confitadas.

BROWNIE COM DOCE DE LEITE

UM LUGAR CHAMADO NOTTING HILL

(rende 12 pedaços)

Essa é uma das comédias românticas mais adoráveis dos anos 1990. Em uma das cenas, depois de um jantar, os personagens estão ao redor da mesa brigando pelo último pedaço de *brownie*. Quem tiver a história mais trágica, ganha. Então a ideia era não só fazer uma receita deliciosa de *brownie*, mas adicionar um toque especial para deixá-lo ainda mais delicioso! Escolhemos o doce de leite. É impossível não se apaixonar por essa receita.

Ingredientes

100g de manteiga sem sal
150g de chocolate meio amargo
¼ de xícara de cacau em pó
3 ovos
1 colher de chá de essência de baunilha
1 xícara de açúcar
1 xícara de farinha de trigo
1 xícara de nozes picadas
1 xícara de doce de leite

Modo de preparo

Derreter a manteiga e, em fogo baixo, adicionar o chocolate quebrado. Misturar até que fique homogêneo. Retirar do fogo. Misturar o cacau em pó. Adicionar os ovos, um a um, mexendo sempre. Adicionar o açúcar, a essência de baunilha, a farinha e as nozes. Em uma forma de 20cm untada e forrada com papel manteiga, dispor metade da massa. Com uma colher, fazer pequenos pingos com ⅓ do doce de leite. Com o cabo da colher, espalhar um pouco o doce de leite em movimentos circulares. Dispor o resto da massa do *brownie* e distribuir, em colheradas, o restante do doce de leite. Assar em forno preaquecido a 180°C por 35 a 45 minutos.

Qualquer filme do Wes Anderson é encantador por suas imagens, histórias e personagens. Mas esse é especial para quem gosta de confeitaria. As pequenas *courtesans au chocolat*, as preferidas do personagem principal, são feitas pela delicada assistente-confeiteira Agatha. As cores da decoração do prato são as mesmas do filme, formando uma deliciosa combinação dos sentidos.

A receita é trabalhosa, não posso mentir, mas é daquelas em que passamos uma tarde fazendo e nos divertindo. O olhar de encantamento de quem come faz valer cada minuto.

Ingredientes da massa choux

1 xícara de água
100g de manteiga
1 colher de sopa de açúcar
1 xícara de farinha de trigo
4 ovos

Ingredientes do recheio

1 ½ xícara de leite integral
150g de chocolate meio amargo
3 gemas
¼ de xícara de açúcar refinado
1 colher de sopa de farinha de trigo
2 colheres de sopa de amido de milho
2 colheres de sopa de cacau em pó

Ingredientes da decoração

1 xícara de açúcar de confeiteiro
Leite
Corante alimentício verde, roxo e rosa
Chocolate branco
40g de manteiga
4 colheres de sopa de açúcar de confeiteiro
Corante alimentício azul
Semente de cacau ou amêndoas confeitadas

Modo de preparo da massa

Levar a água, a manteiga e o açúcar a uma panela até levantar fervura. Retirar do fogo e misturar a farinha peneirada com um *fouet*. Levar de volta ao fogo, misturando sempre com uma colher de pau, até que a massa vire uma só. Retirar do fogo e deixar esfriar até que não queime mais o dedo ao encostar com a parte de cima. Em uma tigela, misturar os ovos e depois, com uma colher de pau, incorporar à massa. Levar a uma manga de confeiteiro e fazer bombas do tamanho de uma bola de golfe, em uma forma forrada com papel manteiga. Em outra forma, fazer bombas menores, do tamanho de uma bola de pingue-pongue. E em outra, bolas do tamanho de uma bola de gude grande. Assar em forno preaquecido a 180 graus por cerca de 25-30 minutos. As menores assam antes, então é importante ficar de olho no forno.

Modo de preparo do recheio

Aquecer o leite em fogo baixo e derreter o chocolate, formando quase um chocolate quente. Em uma tigela, misturar as gemas com o açúcar, cacau em pó, farinha de trigo e amido. Aos poucos, acrescentar metade do chocolate quente à mistura das gemas, mexendo sempre, para que não forme grumos. Levar a mistura de volta à panela, junto à outra metade do chocolate quente, e voltar ao fogo baixo. Mexendo sempre, cozinhar até que fique um creme. Retirar do fogo e deixar esfriar. Colocar em uma manga de confeiteiro.

Modo de preparo da cobertura

Em uma tigela, misturar o leite ao açúcar de confeiteiro aos poucos, até ficar em uma consistência parecida com a de leite condensado. Dividir em três potes. Colorir cada um com um pouco de corante alimentício verde, roxo e rosa.

Montagem

Com uma faca pequena, fazer um furo embaixo de cada bomba. Rechear cada uma com o creme de chocolate. Banhar o topo das bombas grandes com o glacê violeta, as médias com o glacê verde e as pequenas com o glacê rosa. Deixar secar por alguns minutos. Enquanto isso, derreter alguns quadradinhos de chocolate branco e levar a uma manga de confeitar. Quando as bombas secarem, decorá-las com o chocolate. Bater a manteiga em temperatura ambiente com o açúcar até ficar uma mistura fofa e clara. Adicionar o corante azul e levar a uma manga de confeitar. Usar o creme de manteiga para colar uma bomba na outra. Finalizar com uma gota do creme de manteiga e uma semente de cacau ou amêndoa confeitada.

FOLHADO DINAMARQUÊS
BONEQUINHA DE LUXO

(rende 16 unidades)

Um dos maiores clássicos do cinema, *Bonequinha de Luxo*, também tem a cena de abertura mais icônica: Holly Golightly, vivida por Audrey Hepburn, comendo um folhado dinamarquês e olhando a vitrine da joalheria Tiffany's. Ao som de *Moon River*, aquele começar de dia mostra um pouco da magia das pessoas comuns, como nós, que sonham com algo. Só que, claro, com um vestido maravilhoso e pérolas gigantes.

Eu poderia ter feito um folhado dinamarquês preguiçoso, usando massa folhada pronta, mas acho que, para honrar a Holly, deveria fazer a massa desde o princípio. Então aqui vai a receita que, acompanhada de uma *playlist* de trilhas de filme, fica leve de fazer.

Ingredientes

⅔ de xícara de manteiga sem sal em temperatura ambiente
4 colheres de sopa de farinha de trigo
3 xícaras de farinha de trigo
1 ½ colher de chá de fermento biológico seco
¾ de xícara + 1 colher de sopa de leite
3 colheres de sopa de açúcar
Uma pitada de sal
1 colher de chá de essência de baunilha
1 colher de chá de raspas de limão
1 ovo
Geleia de sua escolha

Modo de preparo

Em uma tigela, bater a manteiga com as colheres de sopa de farinha de trigo até ficar clara e fofa. Desenhar um retângulo de 10x20cm em papel manteiga e dispor a manteiga amolecida dentro dos limites desenhados. Cobrir com outro papel e alisar com um rolo de massa. Levar para a geladeira. Em outra tigela, misturar 1 xícara da farinha de trigo com o fermento. Aquecer em uma panelinha o leite com o açúcar, sal e essência de amêndoas até ficar morno, em temperatura de mamadeira. Despejar o leite e misturar as raspas de limão e o ovo. Misturar com uma colher de pau por cerca de 3 minutos. Adicionar as 2 xícaras de farinha de trigo restantes aos poucos na massa, até que fique firme e elástica. Cobrir e deixar descansar por cerca de 40 minutos até que dobre de tamanho. Abrir a massa com um rolo e formatar um quadrado de 40x40cm. Dispor a manteiga no centro e fechar. Dobrar em três. Abrir com o rolo até ficar com 30cm de comprimento e dobrar de novo em três. Refrigerar por meia hora. Mais uma vez, abrir a massa até um retângulo de 30x15cm, dobrar em três e repetir o processo. Levar de novo à geladeira por meia hora. Abrir com um rolo até que fique com a espessura de 1cm. Cortar com uma faca afiada em 12 quadrados. Rechear com uma colher de chá de uma geleia de sua escolha e fechar, formando um hexágono. Levar a uma forma e deixar que dobrem de tamanho. Assar por cerca de 25 minutos em forno preaquecido a 220 graus até dourarem.

TORTA DE MIRTILO

UM BEIJO ROUBADO

(rende 16 pedaços)

Um Beijo Roubado foi dirigido por um dos meus diretores de cinema favoritos, Wong Kar Wai. Ele tem uma maneira de conseguir que fiquemos embevecidos assistindo às imagens. Nesse filme, em particular, acabamos de assisti-lo com um desejo absurdo de comer uma torta de mirtilo com sorvete de baunilha. Por incrível que pareça, era sempre a torta que sobrava no fim do dia no café, que é o centro da história.

Com detalhes lindos da torta com o sorvete de creme se derretendo lentamente, dá fome em qualquer um!

Ingredientes

2 ⅔ de xícara de farinha de trigo
2 colheres de sopa de açúcar
Sal
150g de manteiga gelada em cubos
¾ de xícara de água
4 xícaras de mirtilo
¾ de xícara de açúcar
3 colheres de sopa de amido de milho
Canela em pó
Leite
Açúcar

Modo de preparo da massa

Começar preparando a massa. Em uma tigela, misturar a farinha, o açúcar e uma pitada de sal. Dissolver a manteiga esfregando os dedos na mistura até que pareça uma farofa. Adicionar a água aos poucos. Envolver em papel filme e levar à geladeira para descansar por no mínimo meia hora.

Modo de preparo do recheio

Os mirtilos ou *blueberries* dessa receita podem ser frescos ou congelados, ambos são ótimos. Misturar com o açúcar amido de milho, uma pitada de sal e uma pitada de canela. Reservar. Dividir a massa em três partes e reservar 1/3. Abrir em uma superfície enfarinhada com a ajuda de um rolo de massa até que caiba em uma forma de fundo removível de 20 ou 25 centímetros. Acomodar a massa na forma. Abrir o resto da massa e cortar em tiras. Rechear a torta e trançar as tiras. Assar em forno preaquecido por 40/50 minutos, até que a massa fique dourada. Esperar esfriar antes de servir acompanhada de sorvete de creme.

BOLO BRANCO

DJANGO LIVRE

(rende 12 fatias)

Embora esse filme seja bastante controvertido, o bolo branco que aparece não é nada polêmico: qualquer um que assistiu ficou com vontade de experimentar. Em uma das cenas, o grande vilão do filme oferece o bolo aos seus convidados, mas o branco acaba sendo manchado por sangue. Essa parte da receita, obviamente, não incluímos. Os aromas de baunilha e amêndoas fazem essa receita deliciosa de comer e de fazer.

Ingredientes do bolo

1 xícara de leite em temperatura ambiente
6 claras de ovo em temperatura ambiente
1 colher de chá de essência de amêndoa
1 colher de chá de essência de baunilha
2 ¼ de xícaras de farinha de trigo
1 ¾ de xícara de açúcar cristal
4 colheres de chá de fermento em pó
150g de manteiga sem sal em temperatura ambiente

Ingredientes da cobertura

100g de manteiga em temperatura ambiente
3 xícaras de açúcar de confeiteiro
2 a 3 colheres de sopa de leite

Modo de preparo do bolo

Em uma tigela, misturar o leite, as claras e as essências até ficarem bem incorporados. Na tigela da batedeira, peneirar todos os secos. Começar a bater em potência baixa, adicionar a manteiga cortada em cubos e bater por um ou dois minutos. Adicionar metade da mistura do leite e deixar bater por mais dois minutos. Adicionar a outra metade da mistura e bater por mais dois minutos. Preaquecer o forno a 180°C. Untar e enfarinhar duas formas de 20cm de diâmetro e dividir a massa entre elas. Levar para assar no forno por cerca de 20 minutos, até que, ao fincar com um palito, a massa não grude nele. Deixar esfriar antes de rechear.

CERVEJA AMANTEIGADA

HARRY POTTER

(rende 10 copos)

Os filmes de Harry Potter nos transportam para outro mundo, cheio de magia. Entre grandes banquetes no refeitório de Hogwarts e balas com sabores estranhos, tem uma bebida que sempre me pareceu deliciosa: cerveja amanteigada. Com esta receita nas mãos, ninguém precisa esperar chegar a carta de aceitação da escola para poder provar; é só fazer essa poção na própria cozinha!

Ingredientes

¾ de xícara de açúcar mascavo
2 colheres de sopa de água
5 colheres de sopa de manteiga
1 colher de sopa de suco de limão
1 pitada de sal
1 colher de chá de extrato de baunilha
¼ de xícara de nata ou creme de leite fresco
Água com gás

Modo de preparo

Levar o açúcar com a água a uma panela em fogo baixo. Assim que começar a formar bolhas nos cantos, deixar cozinhar por 5 minutos. Desligar o fogo e adicionar a manteiga, suco de limão, sal, baunilha e nata. Deixar esfriar por alguns minutos, se preferir quente, ou depois levar à geladeira para tomar gelado. A proporção para a água com gás é de duas colheres de sopa da calda para cada 150ml.

PANQUECAS FLAMBADAS

DOCE DE MÃE

(rende 8 unidades)

Esse filme superdelicado é da Casa de Cinema, que, como eu, é de Porto Alegre. Filmado por ruas e lugares que conheço, é de uma familiaridade deliciosa. Um dos grandes doces da mãe, Dona Picucha, reúne todos os filhos, independentemente de onde estiverem: panquecas flambadas. Assim como no filme, tenho certeza de que quando fizerem essas panquecas, todos vão querer se esbaldar também!

Ingredientes da massa

1 xícara de farinha de trigo
1 pitada de sal
1 xícara de leite
2 ovos
1 colher de manteiga derretida
½ xícara de água com gás

Ingredientes do recheio

350g de creme de leite fresco
3 colheres de sopa de açúcar de confeiteiro
1 colher de sopa de essência de baunilha
200g de framboesas

Ingredientes da calda

300g de frutas vermelhas
3 colheres de sopa de conhaque
1 xícara de açúcar

Modo de preparo da massa

Bater todos os ingredientes com um *fouet* ou no liquidificador. Untar uma frigideira antiaderente quente, em fogo médio, besuntada com manteiga e dispor pequenas porções da massa, espalhando bem pela superfície. Quando a borda descolar da frigideira, virar e dourar o outro lado.

Modo de preparo do recheio

Bater o creme de leite fresco com o açúcar e a baunilha até virar um chantili firme. Com um garfo, amassar as framboesas e depois misturar ao chantili.

Modo de preparo da calda

Em uma frigideira grande, esquentar as frutas por alguns segundos. Adicionar o conhaque e virar a frigideira para que o álcool entre em contato com a chama. Quando o fogo se apagar, acrescentar o açúcar e deixar cozinhar por cerca de 10 minutos em fogo médio.

Montagem

Rechear cada crepe com 2 colheres de sopa do recheio. Dobrar como se fosse um pacotinho e espetar com um palito para que não se abra. Servir acompanhadas da calda.

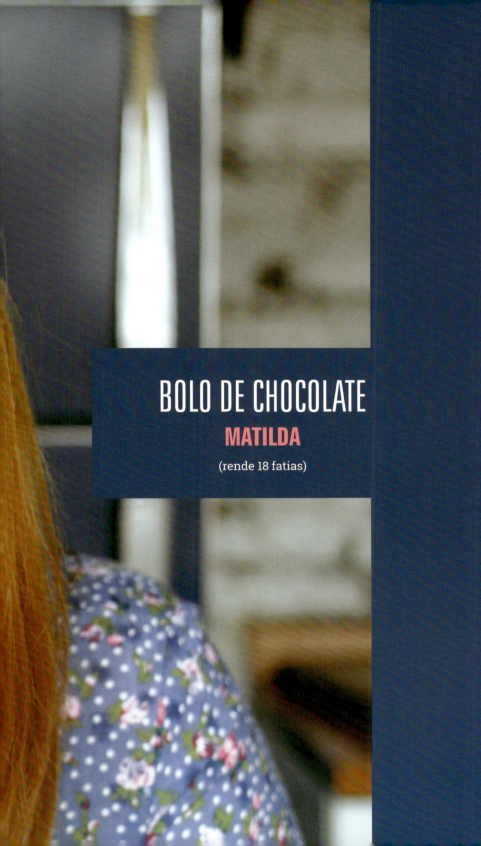

BOLO DE CHOCOLATE
MATILDA
(rende 18 fatias)

O bolo de chocolate de *Matilda* é uma das nossas receitas mais assistidas em nosso canal no YouTube. Toda a geração que foi criança nos anos 1990 (e os pais que tiveram que assistir ao filme junto) desejou esse desbunde de chocolate comido pelo gordinho Bruce, que foi obrigado a comê-lo inteiro pela diretora da escola.

Para a parte do bolo, usamos a receita da avó do Leo e, para o recheio, ganache de chocolate meio amargo. Um gostinho de infância com a magia da Matilda! Impossível resistir!

Ingredientes do bolo

2 xícaras de farinha de trigo
1 colher de sopa de fermento químico
1 ½ xícara de achocolatado em pó
3 ovos
½ xícara de açúcar refinado
½ xícara de açúcar mascavo
1 xícara de leite
½ xícara de óleo

Ingredientes da ganache

250g de chocolate meio amargo
250g de nata

Modo de preparo do bolo

Em uma tigela, peneirar os secos: farinha, fermento e o achocolatado. Separar as gemas das claras, bater as gemas com o açúcar refinado e o mascavo, até ficar homogêneo. Adicionar o leite e o óleo. Em outra tigela bem limpa, bater as claras em neve. Incorporar as três misturas delicadamente. Colocar a mistura em uma forma de fundo removível, untada e enfarinhada. Levar ao forno preaquecido em potência média, durante 30 a 40 minutos.

Modo de preparo da ganache

Cortar o chocolate em pedaços pequenos. Em uma panela, colocar a nata e levar ao fogo médio. Quando ferver, desligar e derramar sobre o chocolate picado. Mexer até ficar homogêneo. Deixar esfriar.

Montagem

Quando o bolo já estiver frio, cortar pela metade com um fio de nylon ou linha de costura. Rechear com a ganache e reservar um pouco para a cobertura.

MOUSSE DE CHOCOLATE BRANCO

SOUL KITCHEN

(rende 6 porções)

O filme alemão *Soul Kitchen* é imperdível para quem gosta de cozinhar e principalmente para quem sonha em ter um restaurante. Conta a história da revolução que um bom *chef* faz em um restaurante ruim. Em uma das cenas, o dono aprende com o cozinheiro como fazer uma deliciosa mousse afrodisíaca, que deixa todos os clientes fogosos. A minha interpretação resultou nessa de chocolate branco com canela, que pode não ter poderes mágicos, mas, sem dúvida, tem seus encantos.

Ingredientes

170g de chocolate branco
⅓ de xícara de leite
2 ramas de canela
2 claras de ovo
200g de nata ou creme de leite fresco
½ colher de chá de canela em pó

Modo de preparo

Picar em lâminas bem finas, ou ralar, o chocolate branco. Reservar três quadradinhos para a decoração. Levar ao fogo baixo o leite com as ramas de canela. Quando ferver, despejar através de uma peneira sobre o chocolate. Mexer com uma espátula até que derreta totalmente. Em outra tigela bater as claras em neve, até formarem picos duros. Em uma terceira tigela bater a nata até que fique um pouco mais firme, um ponto antes de chantili. Misturar delicadamente ao chocolate. Em seguida, incorporar com cuidado às claras em neve. Servir em taças ou copinhos. Para decorar, misturar o chocolate restante ralado e a canela em pó. Polvilhar sobre a mousse. Levar à geladeira durante 3 horas, até que fique firme.

TORTA DE LIMÃO

TOAST

(rende 10 fatias)

Baseado na história do famoso *chef* inglês Nigel Slater, o filme *Toast* conta como uma criança vê o ato de cozinhar como um gesto de amor. Depois de conquistar seu pai com suas receitas, é substituído por uma empregada doméstica que cozinha melhor do que ele. O agora pré-adolescente Nigel resolve encontrar a melhor maneira de fazer uma torta de limão com merengue. Entre muitos erros, porque o merengue pode ser um pouco teimoso, e aulas de cozinha, ele consegue achar a receita perfeita.
E é essa que ensino aqui.

Ingredientes

200g de biscoito do tipo "Maria"
100g de manteiga derretida
1 lata de leite condensado
3 gemas
1 xícara de suco de limão siciliano
5 claras
¾ de xícara de açúcar refinado
½ colher de chá de cremor de tártaro

Modo de preparo

Triturar a bolacha Maria em um processador ou liquidificador. Adicionar a manteiga derretida e misturar bem. Dispor em uma forma de fundo falso canelada. Pressionar bem nas laterais e no fundo. Levar para assar em forno preaquecido a 180 graus por 5 minutos. Depois, levar para a geladeira. Para o recheio, misturar o leite condensado, as gemas e o suco de limão. Bater por cerca de 1 minuto. Quando a massa já estiver gelada, dispor o recheio na forma e levar novamente ao forno preaquecido a 180 graus por 20 minutos ou até que fique firme. Para o merengue, levar as claras e o açúcar a uma panela bem limpa, sem nada de gordura. Misturar antes de levar ao fogo. Esquentar um pouco as claras, mas cuidando para não cozinhar, só deixar morna. Levar a uma batedeira e adicionar o cremor de tártaro. Bater até a tigela ficar em temperatura ambiente. Depois que a torta estiver fria, dispor o merengue por cima e levar mais uma vez ao forno. Agora, preaquecido em temperatura máxima, 320 graus, por entre 5 e 10 minutos, só até dourar as pontas do merengue. Se tiver um maçarico, pode usar nesta etapa em vez de levar ao forno. Deixar na geladeira por mais 30 minutos para firmar bem e servir. Dura no máximo dois dias na geladeira porque depois o merengue começa a dessorar.

TORTA DE CHOCOLATE DA MINNY

HISTÓRIAS CRUZADAS

(rende 6 fatias)

Histórias Cruzadas é um filme que me toca muito. Não só pelo racismo gritante sofrido pelas mulheres do filme, mas pela relação tão verdadeira e maternal que elas tinham com as crianças que criavam.
Isso me lembra da minha própria Tata, Teresa Cândida da Silva, babá que cuidou tão amorosamente de todos da minha família e foi a primeira pessoa a me botar a cozinhar. Devo muito da minha história com a cozinha a ela.
A torta de chocolate no filme tem uma história engraçadíssima e um ingrediente "especial", mas que a minha receita não tem. Não vou contar o que é para não estragar a história. Então, assiste ao filme!

Ingredientes da massa

1 ½ xícara de farinha de trigo
1 pitada de sal
¼ xícara de açúcar
60g de manteiga sem sal gelada
1 ovo
Água gelada

Ingredientes do recheio

1 xícara de açúcar
5 colheres de sopa de cacau em pó
1 pitada de sal
1 colher de chá de essência de baunilha
2 ovos
¾ de xícara de leite condensado
4 colheres de sopa de manteiga derretida

Modo de preparo da massa

Misturar os secos em uma tigela e adicionar a manteiga gelada em cubos. Dissolver a manteiga com os dedos até formar uma farofa. Misturar o ovo e a água, aos poucos, até que a massa fique uniforme. Envolver em papel filme e levar à geladeira por meia hora.

Modo de preparo do recheio

Misturar todos os ingredientes em uma tigela.

Montagem

Abrir a massa com um rolo. Dispor em uma forma de alumínio descartável. Forrar a massa com papel alumínio e colocar arroz ou sal grosso por cima para fazer um peso para pré-assar a massa. Assar em forno preaquecido em potência mínima por quinze minutos. Tirar o peso e adicionar o recheio. Assar por cerca de 45 minutos, até que as bordas estejam cozidas mas o centro ainda um pouco mole. Deixar esfriar.
Servir acompanhada de chantili.

TORTA OASIS E LONELY CHICAGO PIE
A GARÇONETE

A Garçonete é um filme encantador sobre uma mulher em um relacionamento abusivo, que transforma seus sentimentos em tortas. Elas são, junto com Jenna, personagens principais dessa trama. Entre nomes comuns, como essas duas receitas, também tem a "Torta Não Quero Ter o Filho do Earl" e a "Torta Não Posso Ter um Caso Porque É Errado e Não Quero que o Earl Me Mate". Independente do nome, todas parecem deliciosas em cenas especiais para o preparo, delicadamente inseridas no filme. Uma certeza que tenho: quem assistir ao filme vai, imediatamente, vir ao livro consultar a receita para fazer uma dessas duas tortas.

TORTA OASIS

(rende 10 fatias)

Ingredientes da massa

250g de biscoito amanteigado de chocolate
100g de manteiga

Ingredientes do recheio

2 latas de leite condensado
255g de chocolate meio amargo
1 colher de chá de gengibre ralado
1 colher de chá de noz moscada
350g de nata
500g de morangos grandes

Modo de preparo da base

Bater os biscoitos aos poucos no liquidificador ou processador, até virar um pó. Derreter a manteiga. Juntar à bolacha triturada em uma forma de fundo falso e forrar todo o fundo e as bordas. Levar ao freezer durante 30 minutos. Enquanto isso, preparar o recheio.

Modo de preparo do recheio

Levar o leite condensado ao fogo médio. Quando ficar bem líquido, adicionar o chocolate, mexendo sempre. Deixar cozinhar até ser possível ver o fundo da panela ao raspar com uma colher ou espátula. Desligar o fogo e adicionar o gengibre, a noz moscada e a nata. Levar à geladeira até ficar em temperatura ambiente. Lavar e cortar os morangos ao meio. Dispor por cima da base da torta. Cobrir os morangos com a mistura do chocolate e levar à geladeira por no mínimo 4 horas.

LONELY CHICAGO PIE

(rende 10 fatias)

Ingredientes da base

1 ½ xícara de farinha de trigo
Sal
1 colher de chá de açúcar
100g de manteiga cortada em cubos
5 colheres de sopa de água gelada

Ingredientes do recheio

½ xícara de açúcar
½ xícara de açúcar mascavo
1 colher de sopa de amido de milho
1 colher de chá de canela em pó
Sal
2 ovos batidos
2 colheres de sopa de manteiga derretida
1 colher de chá de essência de baunilha
1 ½ xícara de leite
1 xícara de amoras esmagadas
150g de chocolate meio amargo
1 colher de sopa de manteiga sem sal
2 colheres de sopa de água

Modo de preparo da base

Misturar a farinha, sal e açúcar em cubos em uma tigela. Com a ponta dos dedos dissolver a manteiga até obter uma farofa. Adicionar a água aos poucos e incorporar bem à massa. Ela deve ficar lisa e não grudar nas mãos. Enrolar em filme plástico e levar à geladeira por 30 minutos.

Modo de preparo do recheio

Misturar o açúcar, amido de milho, canela e sal. Adicionar os ovos, manteiga derretida e essência de baunilha. Misturar bem e adicionar o leite. Abrir a massa em uma superfície enfarinhada, dispor em uma forma especial para tortas e quiches. Preencher com a mistura do recheio e levar ao forno preaquecido a 200 graus durante 15 minutos. Depois, baixar o fogo a 180 graus e assar por mais 30 minutos.
Retirar a torta do forno e adicionar as amoras amassadas. Enquanto a torta esfria, derreter o chocolate em banho-maria com 1 colher de sopa de manteiga e 2 colheres de sopa de água. Derramar por cima da torta.

Ter um familiar idoso com Alzheimer é algo bem difícil, ainda mais quando se tem que assumir o restaurante da família e uma vida amorosa complicada. Mas o nervoso Rafa consegue lidar de maneira terna ao realizar, junto com o pai, o sonho da mãe doente de casar-se na igreja. Entre todas as complicações, o seu *chef* não consegue achar a receita ideal para o tiramisu do restaurante. Aqui, ensino uma deliciosa, e claro, feita com mascarpone de verdade.

Ingredientes

250g de mascarpone em temperatura ambiente
2 xícaras de café bem forte e frio
3 ovos
5 colheres de açúcar de confeiteiro
60ml de vinho do porto
100g de biscoito champagne
Cacau em pó para decorar

Modo de preparo

Retirar o mascarpone da geladeira enquanto prepara o café. Separar as gemas das claras. Em uma primeira tigela, bater as gemas com 3 colheres de sopa de açúcar de confeiteiro. Quando adquirir um aspecto bem aerado e de cor mais clarinha, adicionar o vinho e o mascarpone, mexendo até ficar homogêneo. Em uma segunda tigela, bater as claras em neve com 1 pitada de sal e o restante do açúcar. Incorporar as claras em neve ao creme de mascarpone. Mergulhar rapidamente os biscoitos no café e forrar uma travessa funda, ou tacinhas individuais. Intercalar uma camada fina de creme e uma camada de biscoitos. Repetir a operação duas vezes e finalizar com o creme. Levar à geladeira durante 1 hora. Na hora de servir, polvilhar com cacau.

TRUFAS DE CHOCOLATE

CHOCOLATE

(rende 20 trufas pequenas)

Gosto muito de filmes com mulheres fortes. Em *Chocolate*, uma mãe solteira enfrenta uma cidade superconservadora ao abrir uma loja de chocolates, ensinando os prazeres da vida aos seus moradores. Assim como o efeito dessa maravilha feita de cacau, o filme nos aquece o coração e nos abre os olhos para as nossas próprias vidas. Vale cada segundo em frente à tela. Entre todas as maravilhas que ela faz, pensei em fazer trufas de chocolate meio amargo. Para dar um toque mais especial ainda, usei o meu chá preferido para fazer a infusão com o creme de leite fresco: Earl Grey, com notas cítricas da folha de bergamota. É um arremate perfeito depois de uma boa refeição.

Ingredientes

250g de chocolate meio amargo
⅔ de xícara de nata ou creme de leite fresco
1 colher de sopa de manteiga
2 colheres (ou dois saquinhos) de chá preto com óleo de bergamota,
conhecido como Earl Grey
Cacau em pó

Modo de preparo

Picar o chocolate meio amargo em lâminas bem finas. Também pode ser ralado. Em uma panelinha, levar a nata, a manteiga e o chá ao fogo até que ferva. Derramar a nata bem quente sobre o chocolate. Se o chá não for em saquinhos, usar uma peneira. Se for, basta tirar os saquinhos. Misturar o chocolate e a nata quente até que ele se derreta completamente e a mistura fique homogênea. Levar esta ganache à geladeira por aproximadamente 2 horas, até que fique bem firme. Untar as mãos com cacau em pó e fazer bolinhas da ganache. Cobrir totalmente as bolinhas com cacau em pó e servir.

BEIGNETS

A PRINCESA E O SAPO

(rende 20 unidades)

Desenhos animados da Disney são sempre cheios de magia. Esse, em específico, passado em Nova Orleans e não em uma terra de faz de conta, mostra elementos culturais fantásticos, como o vodu e, claro, a comida. Um dos pratos mais famosos da Louisiana são os *beignets*, que são bastante similares aos nossos bolinhos de chuva, mas cobertos por uma nuvem de açúcar de confeiteiro.

Essas massinhas fritas dão água na boca de qualquer um e são perfeitas para um dia preguiçoso.

Ingredientes

1 xícara de leite
1 limão
4 xícaras de farinha de trigo
$\frac{1}{3}$ de xícara de açúcar cristal
2 colheres de chá de fermento químico
$\frac{1}{2}$ colher de chá de bicarbonato de sódio
$\frac{1}{2}$ colher de chá de noz moscada
$\frac{1}{3}$ de xícara de água
1 ovo
1 colher de chá de essência ou extrato de baunilha
Óleo para fritar
$\frac{1}{2}$ xícara de açúcar de confeiteiro

Modo de preparo

Misturar o suco de limão no leite. Deixar descansando por 10 minutos. Em uma tigela misturar todos os secos. Reservar. Em outra tigela adicionar à mistura do leite a água, o ovo e a essência de baunilha. Misturar com os secos até ficar homogêneo. Abrir a massa com um rolo em uma superfície bem enfarinhada. Cortar em quadrados médios. Em uma panela ou frigideira funda, aquecer o óleo. Fritar os *beignets* aos poucos, até que fiquem bem dourados dos dois lados. Escorrer em papel toalha e cobrir com açúcar de confeiteiro.

APFELSTRUDEL
BASTARDOS INGLÓRIOS
(rende 6 porções)

Eu não gostaria de ter que dividir a mesa com um comandante nazista, ainda mais se fosse a brava Shoshanna. Em uma cena extremamente tensa, ela e o comandante são servidos de apfelstrudel com nata batida. A receita original austríaca é feita com uma massa em que são necessárias mais do que duas pessoas para abrir e muito cuidado. Para simplificar o preparo e tornar possível que todos possam experimentar essa delícia, fiz com massa folhada pronta.

Ingredientes do apfelstrudel

1 pacote de massa folhada
1 colher de sopa de uva passa preta
2 colheres de sopa de rum ouro
½ xícara de farinha de rosca
3 colheres de sopa de manteiga
4 maçãs
3 colheres de sopa de açúcar
2 colheres de sopa de nozes picadas
3 colheres de sopa de manteiga derretida
1 gema para pincelar

Ingredientes do chantili

200g de nata ou creme de leite fresco
4 colheres de sopa de açúcar
1 colher de chá de essência de baunilha

Modo de preparo do apfelstrudel

Hidratar as passas no rum. Levar a uma frigideira a manteiga e a farinha de rosca até que doure. Fatiar as maçãs. Levar a uma tigela as maçãs, as passas, a farofa, o açúcar e as nozes picadas. Em uma superfície enfarinhada, abrir a massa folhada. Colocar a massa folhada por cima de um pano limpo e enfarinhado, isso vai ajudar a fechar o apfelstrudel depois. Dispor o recheio em uma das pontas, pincelar as bordas com manteiga derretida, dobrar as bordas e enrolar. Levar a uma forma e pincelar com a gema de ovo. Assar em forno preaquecido em potência média, por cerca de 30 minutos ou até a massa ficar bem dourada.

Modo de preparo do chantili

Em uma tigela, dispor a nata, o açúcar e a essência. Bater com a ajuda de um *fouet,* até que fique fofo, sempre cuidando pra não bater demais e virar manteiga.

MANJAR TURCO

AS CRÔNICAS DE NÁRNIA

(rende 15 pedaços)

O filme é uma história fantástica, ótima para crianças (e adultos), sobre três irmãos que descobrem outro mundo para o qual se entra por uma porta de um armário. Entre faunos e feiticeiras, o mais novo dos irmãos é seduzido com manjar turco pela maléfica Feiticeira Branca.

O manjar turco é um doce excelente para aprender as mágicas do amido. Ele se transforma em um gel superbrilhante que dá uma consistência incrível para essa receita.

Ingredientes

½ xícara de água fria
5 colheres de sopa de amido de milho
½ xícara de água quente
2 xícaras de açúcar
½ xícara de suco de laranja
2 colheres de sopa de xarope de romã
Açúcar de confeiteiro

Modo de preparo

Misturar o amido com a água fria e reservar. Em uma panela, esquentar a água e dissolver nela o açúcar e o suco de laranja. Adicionar a mistura do amido, baixar o fogo e deixar cozinhar por 15 minutos, mexendo sempre, até a mistura ficar espessa. Desligar o fogo e misturar o xarope de romã. Dispor em uma forma retangular forrada com papel filme e deixar esfriar e firmar. Esse processo pode levar até um dia. Desenformar em cima de uma tábua polvilhada de açúcar de confeiteiro e cortar com uma faca afiada. Passar pelo açúcar de confeiteiro e retirar o excesso.

CRÈME BRÛLÉE
O FABULOSO DESTINO DE AMÉLIE POULAIN

(rende 6 porções)

A cozinha é cheia de pequenos prazeres para Amélie: massas folhadas que pulsam como corações assando, o geladinho do feijão entrando em contato com a pele entre os dedos e, também, quebrar aquela deliciosa casquinha de caramelo do *crème brûlée* com a colher.

A receita não é complicada, mas sempre pareceu impossível de fazer sem um maçarico de cozinha. Fui atrás de uma técnica que qualquer um pudesse fazer em casa. Com uma colher, derrete-se o açúcar em contato com o metal superquente. Assim, todos podem ter esse grande prazer de ouvir o "toc, toc, crec" que essa deliciosa sobremesa proporciona.

Ingredientes

6 gemas
10 colheres de sopa de açúcar refinado
1 fava de baunilha ou 1 colher de chá de essência de baunilha
500ml de creme de leite fresco ou nata
Açúcar demerara ou cristal para queimar

Modo de preparo

Levar ao fogo uma chaleira com água e preaquecer o forno a 180 graus. Passar as gemas por uma peneira para tirar a película do ovo e não dar gosto. Não passar a colher, apenas furar as gemas e deixar escorrer o conteúdo. Adicionar o açúcar e bater com o *fouet* até a mistura ficar clarinha. Abrir a fava ao meio e retirar as sementes com a ajuda da faca. Levar a uma panela junto com o creme de leite e aquecer em fogo baixo. Deixe a infusão descansar sem ferver, somente aquecer em temperatura de mamadeira. Retirar do fogo e misturar com as gemas. Distribuir a mistura em ramequins médios com a ajuda de uma concha. Dispor em uma forma, levar ao forno preaquecido a 180 graus, e então adicionar água fervendo na forma. Assar durante 1 hora, sempre verificando se a água não secou. Caso aconteça, é só adicionar mais (sempre fervente). Retirar do forno quando o creme estiver bem firme no topo, deixar esfriar e levar à geladeira. Deixar resfriar por no mínimo 3 horas. O melhor é de um dia para o outro. Na hora de servir, polvilhar o açúcar demerara ou cristal por cima e queimar com um maçarico. Caso não tenha maçarico, esquentar uma colher na chama do fogão e ir queimando o açúcar aos poucos.

BANANA SPLIT

ESQUECERAM DE MIM 2

(para 1 pessoa)

Qual criança nunca sonhou com uma gigantesca banana split? No filme *Esqueceram de Mim 2*, quando Kevin se hospeda em um hotel em Nova York, ele tem um camareiro que lhe serve sorvete enquanto assiste filmes. Fiz uma versão um pouco diferente de banana split, grelhando a banana na manteiga antes de servir o sorvete e chantili. Se quiserem fazer uma versão adulta, podem ainda flambar com um pouco de rum. Fica incrível!

Ingredientes do chantili

½ xícara de creme de leite fresco
1 colher de sopa de açúcar
3 gotas de essência de baunilha

Ingredientes da calda de chocolate

1 barra de chocolate meio amargo
¾ de xícara de glucose de milho

Ingredientes da banana split

1 banana prata
1 colher de chá de manteiga
1 colher de sopa de açúcar refinado
1 bola de sorvete de chocolate
1 bola de sorvete de creme
1 bola de sorvete de morango
Calda de chocolate
Chantili
Cerejas em calda
Confeitos

Modo de preparo do chantili

Bater os ingredientes com um *fouet* até ficar em ponto de chantili

Modo de preparo da calda de chocolate

Derreter o chocolate em banho-maria e misturar a glucose. Se ficar firme demais, pode ser adicionado um pouco de leite.

Modo de preparo da banana split

Cortar a banana ao comprido. Em uma frigideira, derreter a manteiga e o açúcar em fogo baixo e acrescentar as metades da banana. Deixar dourar por cerca de um minuto e dispor no prato de servir. Colocar o sorvete e decorar com a calda, chantili, cerejas e confeitos. Servir imediatamente.

CROISSANT AU CHOCOLAT
SIMPLESMENTE COMPLICADO
(rende 12 unidades pequenas)

Nesse filme, a personagem principal tem uma confeitaria, cheia de delícias. Entre os percalços de um encontro amoroso, os dois invadem a cozinha da confeitaria, de madrugada, para fazer *croissants* de chocolate.

Como a massa de *croissant* é demorada para fazer e é difícil de ser feita assim, nas primeiras horas da manhã, adaptei a receita para que todos nós possamos fazer *croissants* em uma situação dessas: só precisa de massa folhada congelada e chocolate. Rápido, fácil e não menos delicioso!

Ingredientes

1 pacote de massa folhada semilaminada congelada
12 quadradinhos de chocolate meio amargo
1 gema
Açúcar cristal

Modo de preparo

Cortar a massa em 12 triângulos. Abrir a parte de cima do triângulo com um rolo e dispor um quadrado de chocolate. Enrolar do lado mais largo para o mais fino e formatar em *croissants*. Pincelar com a gema e salpicar com açúcar. Levar ao forno em potência máxima por 30-40 minutos, até que fiquem dourados. Servir ainda quentes.

PETIT GÂTEAU
INTOCÁVEIS
(rende 8 unidades)

Gosto muito de histórias de amigos improváveis. Nesse filme, um senhor rico e tetraplégico desenvolve uma amizade com seu cuidador, filho de imigrantes de origem humilde. Entre muitas situações, tem uma que eu adoro. Os dois vão a um café e ele pede um *petit gâteau*. Acaba mandando de volta para a cozinha por achar que não está bem cozido. Mesmo sendo um filme muito sensível, rende boas risadas.

Sempre achamos que *petit gâteau* é uma receita complicada, mas na verdade o grande segredo está em conhecer o próprio forno e saber exatamente quanto tempo demora para deixar uma casquinha cozida e o interior deliciosamente cremoso.

Ingredientes

150g de chocolate meio amargo
150g de manteiga sem sal
3 ovos
½ xícara de açúcar
2 colheres de sopa de farinha de trigo

Modo de preparo

Derreter o chocolate e a manteiga em uma panela e deixar esfriando enquanto faz o resto da receita. Em uma batedeira, bater os ovos com o açúcar até que os grãos tenham se dissolvido totalmente. Adicionar a farinha e bater. Acrescentar a mistura do chocolate com a manteiga e misturar bem. Untar e enfarinhar oito forminhas de *cupcakes* e preencher com a mistura. Levar para assar em forno preaquecido a 180 graus por 10 minutos. Desenformar em um prato e servir com sorvete de creme.

MILKSHAKE DE MANGA

CORALINE

(rende 2 copos)

O filme *Coraline* é o famoso "cuidado com o que desejas". Entre o mundo real e o mundo onde tudo é como a pequena Coraline quer, escondem-se imagens assustadoras e ternas. Tudo isso só poderia ser criado pelo autor Neil Gaiman. Em uma das cenas em que ela está jantando com os pais "perfeitos", eles dizem que ela pode pedir para tomar qualquer coisa. O pedido é um *milkshake* de manga.

Como a maioria das receitas de sobremesas são carregadas de lactose ou glúten, resolvi fazer uma versão que pode ser consumida até por alérgicos. A gordura e a cremosidade do leite de coco dão uma consistência muito parecida com a feita com sorvete e dá um sabor delicioso, bem tropical.

Ingredientes

2 mangas maduras
200ml de leite de coco
½ xícara de água de coco gelada
4 pedras de gelo
2 colheres de sopa de açúcar

Modo de preparo

Descascar e cortar a manga em cubos. Levar ao liquidificador com o resto dos ingredientes. Bater até ficar um creme. Servir imediatamente.

BOLINHOS ESCOCESES
VALENTE
(rende 18 bolinhos)

A personagem de *Valente* se tornou a minha princesa favorita da Disney, mesmo depois de adulta. Lembro de assistir sozinha, em um dia de semana, acompanhada de pipoca com manteiga e refrigerante. Saí encantada. E com vontade de transformar meninos em ursinhos.

Os bolinhos escoceses são os preferidos dos irmãos de Merida e escolhi a receita para um especial de Natal, por serem ótimos para servir no café da manhã dessa data especial.

Ingredientes

4 ¼ xícaras de farinha de trigo
¼ de xícara de açúcar refinado
15g de fermento biológico seco
2 colheres de chá de sal
2 ovos
150ml de leite morno
40g de manteiga em temperatura ambiente
150g de açúcar de confeiteiro
Leite
18 cerejas em calda

Modo de preparo

Em uma tigela, misturar os secos. Fazer uma cavidade com os ingredientes secos e adicionar os ovos, a manteiga e o leite. Incorporar lentamente e, se necessário, adicionar um pouco mais de leite. Levar a uma superfície enfarinhada e sovar por cerca de 10 minutos, até que a massa fique elástica e lisa. Levar de volta à tigela, cobrir com um pano limpo e deixar crescer por cerca de 30 minutos em um lugar mais quente da cozinha. Dividir a massa em 18 pedaços iguais e formar bolinhas. Levar a formas untadas com óleo, espaçadamente. Deixar crescer por mais 30 minutos e levar ao forno preaquecido em potência média por cerca de 10 minutos, até que comece a dourar. Reservar enquanto esfria. Em uma tigelinha, ir adicionando aos poucos o leite ao açúcar de confeiteiro. Mergulhar o topo dos pãezinhos e alisar com o dedo. Dispor uma cereja em cima de cada pão e deixar secar.

TORTA DE PÊSSEGO

REFÉM DA PAIXÃO

(rende 10 fatias)

Ser conquistado por um sequestrador não é algo fácil; porém, o encantador Frank Chambers consegue fazer isso com a pequena família de Adèle e Henry e os espectadores. São poucos os filmes que têm cenas ensinando a fazer uma receita. Nesse, em especial, é detalhadíssima, com dicas e truques para que fique perfeita. A que está aqui foi apenas um pouco adaptada para os nossos ingredientes brasileiros.

Ingredientes

1,5kg de pêssegos
¾ xícara de açúcar
2 colheres de sopa de suco de limão
1 colher de chá de canela em pó
3 colheres de sopa de fécula de batata
3 xícaras de farinha de trigo
1 colher de chá de sal
200g de manteiga em cubos
⅓ a ½ xícara de água gelada
1 ovo batido
1 colher de sopa de açúcar

Modo de preparo

Descascar e tirar os caroços dos pêssegos. Cortar cada metade em dois. Misturar os pêssegos com o açúcar, limão, canela e fécula de batata em uma tigela. Em outra tigela, misturar a farinha de trigo, o sal e acrescentar a manteiga. Com as mãos, ir desmanchando a mistura com os dedos até parecer uma farofa. Acrescentar a água pouco a pouco, só até que os pedaços se juntem. Não deixar molhada demais. Não amassá-la demais. Dividir a massa em dois. Abrir as duas metades em cima de papel manteiga e dispor uma delas em uma forma redonda. Rechear e cobrir com a outra metade. Retirar o excesso da massa e apertar bem as bordas. Furar a tampa com um garfo e pincelar com um ovo batido. Salpicar com o açúcar e assar em forno preaquecido a 220 graus por cerca 40 minutos, até dourar.

BOMBAS DE CREME

SIMPLESMENTE IRRESISTÍVEL

(rende 10 unidades)

Assisti a esse filme quando era adolescente, ainda sem saber o que queria fazer da minha vida. Apesar de ser uma comédia romântica previsível, *Simplesmente Irresistível* tem um encanto a mais para quem gosta de cozinhar. Um dos aspectos mais interessantes do filme é como mostra que o sentimento do cozinheiro é passado para a comida, como um pintor para os seus quadros.

Fazer essas bombas foi um grande feito para mim, porque nunca havia feito com tanta perfeição. O caramelo ficou dourado e brilhoso, com cara de vitória. Digo para quem não conseguir fazer um caramelo perfeito de primeira: não se preocupem, eu também demorei para conseguir. Então, mãos à obra!

Ingredientes da massa choux

1 xícara de água
100g de manteiga
1 colher de sopa de açúcar
1 xícara de farinha de trigo
4 ovos

Ingredientes do creme de confeiteiro

500ml de leite integral
1 fava de baunilha ou 2 colheres de chá de essência
½ xícara de açúcar
5 gemas
½ xícara de farinha de trigo

Ingredientes da calda

1 ½ xícara de açúcar
⅓ de xícara de água

Modo de preparo da massa choux

Levar a água, a manteiga e o açúcar a uma panela até levantar fervura. Retirar do fogo e misturar a farinha peneirada com um *fouet*. Levar de volta ao fogo, misturando sempre com uma colher de pau, até que a massa vire uma só. Retirar do fogo e deixar esfriar até que não queime mais o dedo ao encostar com a parte de cima. Em uma tigela, misturar os ovos e depois, com uma colher de pau, incorporar à massa. Levar a uma manga de confeiteiro e fazer bombas compridas de mais ou menos 10cm de comprimento. Assar em forno preaquecido a 180 graus por cerca de 30 minutos até começarem a dourar.

Modo de preparo do creme de confeiteiro

Levar o leite com a baunilha a uma panelinha e, assim que ferver, desligar o fogo e deixar descansar enquanto prepara o resto dos ingredientes. Em uma tigela, bater bem as 5 gemas com o açúcar, até ficar fofo e claro. Adicionar aos poucos a farinha, batendo o suficiente para não deixar nenhum grumo. Retirar as favas e adicionar metade do leite, mexendo sempre, até que a mistura fique homogênea. Levar de volta à panela e ao fogo baixo, mexendo sempre, até que fique um creme grosso. Reservar em uma tigela, tapando com um plástico para não criar película, até ficar em temperatura ambiente. Levar a uma manga de confeiteiro e rechear as bombas.

Modo de preparo do caramelo

Levar o açúcar e a água a uma panela em fogo médio. Deixar ferver até ficar em ponto de bala dura. Em um copo de vidro com água, pingar a calda, se endurecer no fundo está pronta. Para prolongar o tempo de maleabilidade do caramelo, levar ao banho-maria. Passar o topo das bombas no caramelo, tomando muito cuidado para não se queimar. Deixar esfriar.

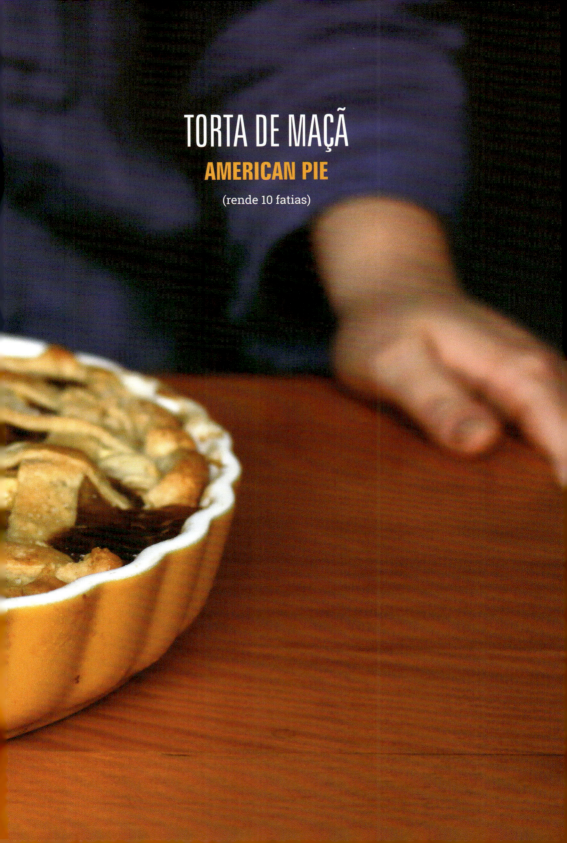

TORTA DE MAÇÃ
AMERICAN PIE
(rende 10 fatias)

Essa comédia americana fez muito sucesso no início dos anos 2000 e quem assistiu já é bem íntimo dessa torta. Talvez até um pouco demais. Ela não é muito tradicional no Brasil, e talvez poucos a tenham experimentado, embora já a tenhamos visto em diversos ângulos. Para apresentar os sabores incríveis dessa torta, escolhi uma receita bem tradicional. Com canela na massa e no recheio, ainda morna, fica um absurdo de tão boa acompanhada de um café ou chá durante a tarde.

Ingredientes da massa

2 ½ xícaras de farinha de trigo
2 colheres de sopa de açúcar
1 pitada de sal
1 colher de chá de canela em pó
150g de manteiga
¾ xícara de água

Ingredientes do recheio

4 maçãs
100g de manteiga
3 colheres de sopa de farinha de trigo
¼ de xícara de água
½ xícara de açúcar refinado
½ xícara de açúcar mascavo
1 colher de sopa de canela em pó

Modo de preparo da massa

Em uma tigela, misturar a farinha de trigo, o açúcar, o sal e a canela em pó. Acrescentar a manteiga gelada em cubos e ir desmanchando com as mãos. Adicionar aos poucos a água para que fique uma massa compacta. Formar uma bola, envolver em papel filme e levar para a geladeira por 1h. Depois, dividir a massa em duas partes e abrir com um rolo em uma superfície enfarinhada. Dispor uma das metades cobrindo uma forma.

Modo de preparo do recheio

Descascar e retirar o miolo das maçãs. Cortar em fatias grossas. Dispor no fundo da forma em cima da massa. Em uma panela, levar a manteiga, farinha, água, açúcares e canela para completar o recheio. Derreter o conteúdo em fogo baixo. Deixar esfriar por uns 2 minutos e despejar em cima das maçãs.

Montagem

Com o restante da massa, fazer tiras e trançar por cima da torta. Pincelar com leite e salpicar com açúcar. Assar em forno preaquecido a 220ºC por 45 minutos até ficar dourada.

Pulp Fiction é um clássico moderno do cinema. Entre tiros, palavrões e violência, algumas comidas nos chamam atenção: o hambúrguer Big Kahuna, os *muffins* de milho e bacon e até o café gourmet, que é servido para os personagens principais. Mas um deles nos dá uma vontade doida de experimentar: o *milkshake* de 5 dólares. Feito com sorvete, baunilha e um toque de banana, fica incrível e é rápido e fácil de preparar.

Ingredientes

1 banana média
1 colher de chá de essência de baunilha
300g de sorvete de baunilha
250ml de leite integral
2 colheres de sopa de mel
Cubos de gelo
Cerejas em calda para decorar

Modo de preparo

Bater todos os ingredientes em um liquidificador. Servir em copos de *milkshake* e decorar com as cerejas.

"Deixe a arma, leve os *cannoli*."

A cena icônica do filme *O Poderoso Chefão*, de alguma forma, expressa a importância da comida na cultura italiana. Nesse caso, os *cannoli* que a esposa da vítima havia pedido. Essa receita de origem siciliana é, mesmo que com massa frita, bastante delicada, recheada com mascarpone ou creme de ricota. Eu, particularmente, entre uma arma e um doce, fico com os *cannoli*.

Ingredientes da massa

2 xícaras de farinha de trigo
1 colher de sopa de açúcar
Sal
2 colheres de manteiga sem sal
1 gema
½ taça de vinho branco seco

Ingredientes do recheio

2 xícaras de ricota cremosa
¾ de xícara de açúcar de confeiteiro
1 colher de chá de canela em pó
¼ de xícara de nata
1 limão

Modo de preparo da massa

Em uma tigela, misturar a farinha de trigo, o açúcar e o sal. Amassar a manteiga em cubos com os dedos até obter uma farofa. Adicionar a gema e o vinho branco e misturar com as mãos até obter uma massa lisa. Envolver em papel filme e levar à geladeira enquanto faz o recheio.

Modo de preparo do recheio

Bater a ricota com um *fouet* para ficar mais cremosa. Adicionar o açúcar de confeiteiro e a canela. Em outra tigela bater a nata em ponto de chantili. Incorporar à ricota. Adicionar as raspas de um limão e levar à geladeira por meia hora.

Montagem

Em uma superfície lisa e enfarinhada, abrir a massa com ajuda de um rolo. Ela deve ficar bem fina, com cerca de ½ cm de espessura. Cortar toda a massa com a ajuda de um molde redondo de 8cm de diâmetro. Passar um pouco de gema nas bordas e enrolar cada círculo de massa em um cilindro especial para *cannoli*. Fritar, aos poucos, em óleo quente por cerca de 2 minutos, até dourarem. Escorrer em papel toalha. Retirar delicadamente do cilindro. Levar o recheio a uma manga de confeitar e preencher os rolinhos.

CHOCOLATE QUENTE

O EXPRESSO POLAR

(rende 6 xícaras)

Em uma viagem de trem pelo Ártico, um menino descobre o verdadeiro espírito do Natal. O que é melhor para esquentar que um cremoso chocolate quente?

No Brasil, nosso Natal é na chegada do verão, num calorão. Talvez essa receita seja mais recomendada para junho ou julho por aqui. Mesmo não tomando envolvidos em neve, uma caneca de chocolate quente dá uma sensação gostosa de abraço de mãe, acolhedor e reconfortante.

Ingredientes

1 litro de leite integral
150g de chocolate amargo
1 colher de chá de páprica picante
1 colher de sopa de chocolate em pó
3 gemas
6 colheres de sopa de açúcar

Modo de preparo

Picar o chocolate. Aquecer junto com o leite e a páprica em fogo baixo, mexendo de vez em quando. Enquanto isso, bater em uma tigela as gemas com o açúcar e o chocolate em pó. Quando dobrar de volume, adicionar 1 concha do leite e misturar bem. Levar de volta à panela com o restante do leite. Misturar bem, em fogo baixo, até o chocolate começar a engrossar. Servir em xícaras.

A história de Julie Powell, com seu blog sobre a experiência de cozinhar todas as receitas de Julia Child, foi uma grande influência para eu começar a fazer meus vídeos. Juntando um pouco de cada uma criei, junto com o Leonardo, meu sócio e amigo, o Gastronomismo.

A *tarte tatin* é uma das minhas sobremesas francesas preferidas. Além de ser deliciosa, é muito charmoso virar aquela massa dourada e encontrar as maçãs envoltas em caramelo. Além disso, acho uma boa solução para uma sobremesa em cima da hora. Fica pronta em, no máximo, uma hora e leva ingredientes que quase sempre temos em casa: maçãs, manteiga, farinha e açúcar.

Ingredientes

1 ½ xícara de farinha de trigo
Sal
1 colher de chá de açúcar
100g de manteiga cortada em cubos
5 colheres de sopa de água gelada
6 maçãs fuji
1 xícara de açúcar demerara
50g de manteiga

Modo de preparo

Misturar a farinha, sal, açúcar e manteiga cortada em cubos. Com a ponta dos dedos amassar a manteiga até obter uma farofa. Adicionar as colheres de água aos poucos e incorporar à massa. Ela deve ficar lisa e não grudar nas mãos. Enrolar em filme plástico e levar à geladeira por 30 minutos. Descascar e cortar as maçãs em quatro, levando a uma tigela com água e gotas de limão para não oxidarem. Em uma frigideira grande e que vá ao forno, derreter a manteiga em fogo bem baixo. Adicionar o açúcar e esperar formar uma calda. Dispor as maçãs uma do lado da outra, em círculo. Cozinhar até que volte a formar uma calda no fundo. Em uma superfície enfarinhada, abrir a massa mais ou menos do tamanho da frigideira. Desligar o fogo e cobrir todas as maçãs com a massa, empurrando para dentro as sobras. Levar ao forno preaquecido a 180 graus por mais ou menos 30 minutos, ou até a massa dourar. Retirar do forno e deixar esfriar. Para desenformar, basta passar a frigideira rapidamente na chama do fogão e virar em um prato grande.

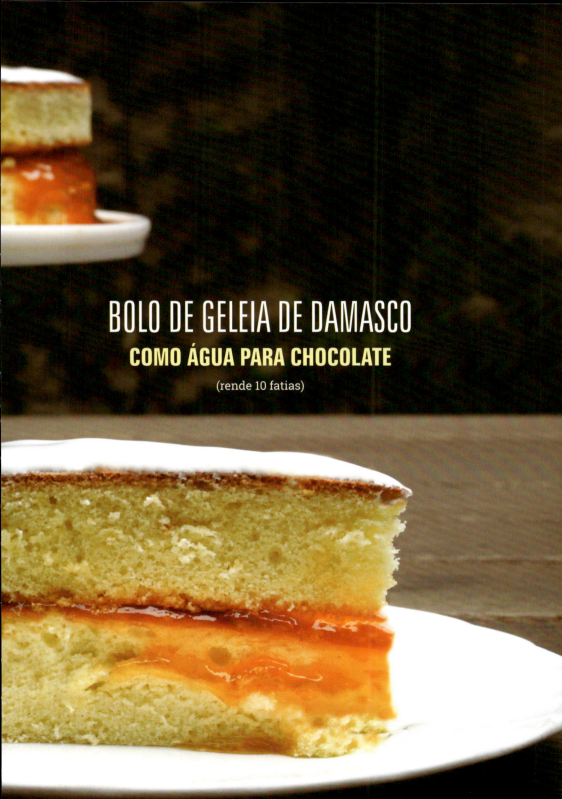

O livro que dá origem ao filme também foi decisivo na minha vida. Ao ler e me emocionar, de chorar mesmo, com a história de Tita, decidi desistir da faculdade de Letras para cozinhar. Foi um dos meus maiores acertos. Por isso, essa receita me é muito querida.

O bolo que Tita faz para o casamento da irmã com o homem que era o seu grande amor, em meio a lágrimas, faz a todos que comem também sentir seus corações partidos. Da mesma maneira, acredito que podemos transferir o cuidado e o carinho com os quais preparamos os nossos pratos.

Embora essa receita seja para um casamento, pode ser servida em qualquer ocasião, pois não precisa ser uma data especial para agradar a quem gostamos.

Ingredientes do bolo

2 xícaras de farinha de trigo
2 colheres de chá de fermento químico
Sal
½ xícara de óleo
4 colheres de sopa de água
2 colheres de chá de essência de baunilha
6 ovos
1 ½ xícara de açúcar cristal
1 xícara de geleia de damasco

Ingredientes da cobertura

2 xícaras de açúcar de confeiteiro
1 colher de sopa de suco de limão
2 claras

Modo de preparo do bolo

Misturar a farinha, o fermento e o sal. Em outra tigela bater o óleo, a água, a essência de baunilha, as gemas e 1 xícara do açúcar. Bater até obter uma mistura clara e fofa. Acrescentar os ingredientes secos e misturar. Em outra tigela, bater as claras. Quando começarem a ficar em neve adicionar o restante do açúcar e bater até ficar bem firme. Incorporar delicadamente a outra mistura. Levar a uma forma redonda de 25cm de diâmetro untada e assar em forno preaquecido a 180 graus. Quando fincar um palito e sair seco, está pronto. Esperar esfriar. Cortar o bolo ao meio e rechear com a geleia de damasco. Bater as claras até ficar em ponto de neve, adicionar o açúcar e o suco de limão, bater até virar um merengue bem firme e brilhoso. Dispor em cima do bolo para decorar.

BABA AU RHUM
A FESTA DE BABETTE
(rende 10 fatias)

Se eu ganhasse na loteria, como Babette, também adoraria fazer um grande banquete para agradecer às pessoas que me ajudaram até hoje. As minhas receitas seriam um pouco mais modernas, mas provavelmente serviria uma versão de *baba au rhum*. A *baba* é um bolinho feito com fermento biológico, com uma massa que se assemelha, de alguma forma, a uma cuca. Quando pronta, é banhada ainda quente em uma calda de açúcar, laranja, limão e rum. Uma delícia completa, não é?

Ingredientes do bolo

2 xícaras de farinha de trigo
15g de fermento biológico
½ xícara de leite
130g de manteiga
2 colheres de sopa de açúcar
1 pitada de sal
4 ovos

Ingredientes da calda

2 xícaras de água
1 ½ xícara de açúcar cristal
Raspas de limão
Raspas de laranja
1 pau de canela
1 anis estrelado
⅓ de xícara de rum envelhecido

Modo de preparo do bolo

Em uma tigela dispor a farinha de trigo e o fermento. Adicionar aos poucos o leite morno, misturando após cada adição. Deixar descansando até dobrar de volume. Bater a mistura com o restante dos ingredientes até obter uma massa lisa e homogênea. Levar a uma forma redonda untada e deixar crescer por 30 minutos. Levar ao forno preaquecido a 180 graus durante 40 minutos.

Modo de preparo da calda

Levar todos os ingredientes a uma panela, aquecer em fogo baixo até obter uma calda em ponto de fio. Derramar ainda quente sobre o bolo.

SORVETE DE CANELA E GENGIBRE

COMER, REZAR, AMAR

(rende 8 porções)

Quem não adoraria passar uma temporada na Itália apenas se deliciando com toda a variedade que novos sabores podem proporcionar? Nesse filme, Liz passa também pela Índia e Bali, mas, claro, o que ela come na primeira viagem é o que mais me chama atenção.

Os italianos são famosos pelos seus sorvetes incríveis. Para Liz, foi o de canela e gengibre que marcou mais. Para fazer essa receita, não precisa de muita habilidade; só precisa de perseverança para esperar ele congelar sem comer antes da hora.

Ingredientes

300ml de nata
150ml de leite
2cm de gengibre
2 canelas em pau
6 gemas
150g de açúcar de confeiteiro
150g de açúcar refinado

Modo de preparo

Em uma panela, aquecer em fogo baixo a nata, o leite, o gengibre ralado e a canela. Quando começarem a formar pequenas bolhas nas bordas, desligar o fogo e deixar a infusão agir por mais ou menos 20 minutos. Em uma tigela bater as gemas e o açúcar até dobrar de volume. Adicionar um pouco do leite à gemada e misturar, depois adicionar o restante. Levar ao fogo em banho-maria. Mexer sem parar com uma colher, até obter um creme espesso. Levar a uma tigela dentro de outra cheia de gelo e água, o que é um banho-maria invertido. Com um *fouet* ou uma batedeira de mão, bater a mistura até esfriar completamente. Levar ao freezer por no mínimo 6 horas.

GELATINA DE FRUTAS VERMELHAS

O LABIRINTO DO FAUNO

(rende 8 porções)

Quando assisti *O Labirinto do Fauno*, fiquei em dúvida se o que eu sentia era medo ou se estava hipnotizada pelo tom sombrio do filme. De qualquer maneira, tem uma cena impressionante: além de uma mesa coberta com comidas incríveis, a personagem principal fala com uma criatura sem olhos, mas que os carrega nas mãos.

Uma dessas comidas é uma gelatina de frutas vermelhas. Usei a receita de gelatina de morango adotada há anos pela minha família como base. Fica linda e deliciosa para substituir o gosto artificial das gelatinas de caixinha.

Ingredientes

3 xícaras de framboesas frescas ou congeladas
2 xícaras de morangos frescos ou congelados
6 xícaras de água
2 xícaras de espumante
2 xícaras de açúcar refinado
4 pacotes de gelatina vermelha sem sabor

Modo de preparo

Levar todos os ingredientes a uma panela, exceto a gelatina. Deixar as frutas cozinhando durante 30 minutos, até que toda a cor e o sabor passem para a água. Coar através de uma peneira, adicionar a gelatina e misturar para que se dissolva. Despejar em uma forma de silicone untada e levar à geladeira por 4 horas ou até a gelatina ficar firme. Para desenformar, mergulhar por 3 segundos em uma panela com água quente.

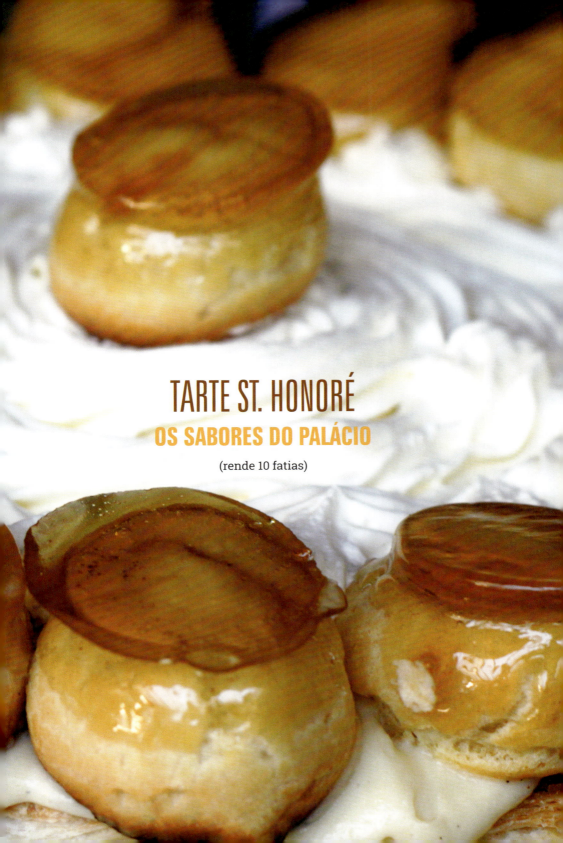

TARTE ST. HONORÉ
OS SABORES DO PALÁCIO
(rende 10 fatias)

Imaginem ser uma *chef* em uma cidade pequena e ser convidada a cozinhar para o presidente da França? Essa é a história de Hortense. A principal tarefa dela é trazer a tradicional culinária francesa para a cozinha do palácio.

É muito interessante a forma como ela leva as receitas de família para a mesa mais importante da França. A *tarte St. Honoré* é a sobremesa mais importante que ela e seu *sous-chef* preparam na sua primeira refeição servida para convidados do presidente.

Ingredientes da massa choux

1 xícara de água
100g de manteiga
1 colher de sopa de açúcar
1 xícara de farinha de trigo
4 ovos

Ingredientes do crème pâtissière

1 xícara de leite
1 xícara de nata
1 fava de baunilha
6 gemas
½ xícara de açúcar cristal
3 colheres de sopa de farinha de trigo

Ingredientes do caramelo

1 ¼ de xícara de açúcar cristal
¼ de xícara de água
3 colheres de sopa de glucose de milho

Ingredientes do chantili

2 xícaras de nata
¾ de xícara de açúcar de confeiteiro
1 colher de chá de essência de baunilha

Modo de preparo da massa choux

Levar a água, a manteiga e o açúcar a uma panela e esquentar até levantar fervura. Retirar do fogo e misturar a farinha peneirada com um *fouet*. Levar de volta ao fogo por 3 minutos, mexendo sempre com uma colher de pau, para a massa secar um pouco. Retirar do fogo e deixar esfriar até que não queime mais o dedo ao encostar com a parte de cima. Adicionar os ovos, incorporando à massa com um *fouet*. Dispor em uma manga de confeiteiro e fazer bombas do tamanho de uma bola de golfe, em uma forma forrada com papel manteiga. Levar ao forno preaquecido a 180 graus, durante 30 minutos.

Modo de preparo do crème pâtissière

Levar à fervura o leite, a nata e a fava de baunilha. Retirar a fava. Deixar esfriando um pouco enquanto bate as gemas com o açúcar e a farinha, até obter uma mistura clara e fofa. Aos poucos ir adicionando o leite ainda quente, batendo sempre, para que as gemas não cozinhem. Voltar ao fogo baixo, até obter um creme espesso. Colocar em uma tigela e cobrir com um papel filme em contato direto para evitar que se crie uma película seca na parte de cima.

Modo de preparo do caramelo

Juntar os ingredientes em uma panela e levar ao fogo médio, sem mexer. Quando dourar, desligar o fogo e levar a uma panela em banho-maria para que não endureça imediatamente.

Modo de preparo do chantili

Em uma tigela, misturar todos os ingredientes e bater com um *fouet* até obter picos duros.

Montagem

Abrir a massa folhada e cortar do tamanho de uma forma redonda de fundo removível. Dispor o disco de massa folhada no fundo da forma e fazer vários furos com o garfo para que a massa não cresça. Levar ao forno preaquecido em temperatura máxima até que doure. Rechear as bombas com o creme de confeiteiro. Mergulhar o topo de cada um no caramelo. Reservar. No disco de massa já pronto, colocar uma camada de creme nas bordas e colar as bolinhas. Rechear a torta com o restante do creme. Finalizar com uma boa camada de chantili.

MOUSSE DE CHOCOLATE
O BEBÊ DE ROSEMARY
(rende 6 porções)

Esse clássico do terror é maravilhoso! Sou fã do gênero e o filme é imperdível para quem gosta desse tipo.

A personagem Rosemary é presenteada por uma vizinha com uma mousse de chocolate, que parece deliciosa, logo antes de começar a se sentir estranha e a parte assustadora do filme começar.

Aqui, ensino uma receita incrível e que faz qualquer um se sentir felicíssimo enquanto come.

Ingredientes

150g de chocolate meio amargo
¼ de xícara de leite
3 colheres de sopa de rum
4 ovos
¾ de xícara de açúcar
1 colher de chá de essência de baunilha

Modo de preparo

Derreter o chocolate com o leite em banho-maria. Misturar o rum e retirar do fogo. Separar os ovos. Bater as gemas com metade do açúcar, até dobrar de volume e ficar bem clarinho. Misturar com o chocolate e adicionar a essência de baunilha. Bater as claras até obter picos moles, adicionar o restante do açúcar e bater mais um pouco. Incorporar delicadamente a clara em neve ao chocolate. Distribuir a mousse em tigelinhas e levar à geladeira por no mínimo três horas, ou até ficar firme.

DOUGHNUTS
MISS SIMPATIA
(rende 12 unidades)

Em *Miss Simpatia*, uma policial do FBI bastante atrapalhada precisa se infiltrar em um concurso de Miss. Enquanto treina para parecer uma candidata, também precisa perder peso. Mas como resistir a deliciosos doughnuts?

A receita que ensino é mais rápida do que as feitas com fermento biológico, mas não menos deliciosa. Perfeita para quem está morrendo de vontade de comer um doce!

Ingredientes

2 ½ xícaras de farinha de trigo
1 ¼ de xícara de açúcar refinado
¾ de xícara de leite integral
2 colheres de sopa de suco de limão
Raspas de limão
2 ovos
2 colheres de sopa de óleo
1 colher de chá de essência de baunilha
1 colher de chá de bicarbonato de sódio
1 colher de chá de sal
Noz moscada
Óleo para fritar
Açúcar de confeiteiro

Modo de preparo

Misturar 1 ½ xícara de farinha de trigo e o açúcar. Adicionar o restante dos ingredientes. Bater com uma batedeira ou um *fouet*, até obter uma mistura lisa. Adicionar aos poucos o restante da farinha. Cobrir com filme plástico e levar à geladeira por no mínimo 1 hora, até ficar firme. Em uma bancada enfarinhada, abrir a massa com mais ou menos 2cm de espessura. Usar dois tamanhos diferentes de cortadores, um grande para fazer o doughnut e um menor para fazer o furinho do centro. Esquentar o óleo em uma panela grande. Fritar a massa por mais ou menos 3 minutos de cada lado, até ficarem bem dourados. Retirar do óleo e colocar em um prato forrado com papel toalha. Com os doughnuts ainda quentes, envolver em açúcar de confeiteiro.

VOCÊ JÁ ASSISTIU AOS FILMES QUE INSPIRARAM AS RECEITAS DE DOCES DE CINEMA? AVALIE AQUI:

Maria Antonieta ☆ ☆ ☆ ☆ ☆

A Vida Secreta de Walter Mitty ☆ ☆ ☆ ☆ ☆

Um Lugar Chamado Notting Hill ☆ ☆ ☆ ☆ ☆

O Grande Hotel Budapeste ☆ ☆ ☆ ☆ ☆

Bonequinha de Luxo ☆ ☆ ☆ ☆ ☆

Um Beijo Roubado ☆ ☆ ☆ ☆ ☆

Django Livre ☆ ☆ ☆ ☆ ☆

Harry Potter ☆ ☆ ☆ ☆ ☆

Doce de Mãe ☆ ☆ ☆ ☆ ☆

Matilda ☆ ☆ ☆ ☆ ☆

Soul Kitchen ☆ ☆ ☆ ☆ ☆

Toast ☆ ☆ ☆ ☆ ☆

Histórias Cruzadas ☆ ☆ ☆ ☆ ☆

A Garçonete ☆ ☆ ☆ ☆ ☆

O Filho da Noiva ☆ ☆ ☆ ☆ ☆

Chocolate ☆ ☆ ☆ ☆ ☆

A Princesa e o Sapo ☆ ☆ ☆ ☆ ☆

DOCES · DE · CINEMA

Bastardos Inglórios ☆☆☆☆☆

As Crônicas de Nárnia ☆☆☆☆☆

O Fabuloso Destino de Amélie Poulain ☆☆☆☆☆

Esqueceram de mim 2 ☆☆☆☆☆

Simplesmente Complicado ☆☆☆☆☆

Intocáveis ☆☆☆☆☆

Coraline ☆☆☆☆☆

Valente ☆☆☆☆☆

Refém da Paixão ☆☆☆☆☆

Simplesmente Irresistível ☆☆☆☆☆

American Pie ☆☆☆☆☆

Pulp Fiction ☆☆☆☆☆

O Poderoso Chefão ☆☆☆☆☆

O Expresso Polar ☆☆☆☆☆

Julie e Julia ☆☆☆☆☆

Como Água para Chocolate ☆☆☆☆☆

A Festa de Babette ☆☆☆☆☆

Comer, Rezar, Amar ☆☆☆☆☆

O Labirinto do Fauno ☆☆☆☆☆

Os Sabores do Palácio ☆☆☆☆☆

O Bebê de Rosemary ☆☆☆☆☆

Miss Simpatia ☆☆☆☆☆

MINHAS ✶ RECEITAS

Anotações

MINHAS RECEITAS

Anotações

MINHAS RECEITAS

Anotações

MINHAS RECEITAS

Anotações

MINHAS ★ RECEITAS

Anotações

MINHAS ✶ RECEITAS

Anotações

MINHAS · RECEITAS

Anotações

MINHAS RECEITAS

Anotações

Para saber mais sobre nossos lançamentos, acesse:
www.belasletras.com.br